_____ 님께

최목희

잠깐 풋잠에 든 것처럼

잠깐 풋잠에 든 것처럼

최옥희 디카시집

놀북

시인의 말

내 꿈의 완성

나는 일본의 압제에서 벗어난 1947년에 태어났습니다. 초등학교만 졸업하고 중학교에 가지 못한 것이 평생 한으로 남았었습니다. 그래서 고성문화원이나 고성도서관에서 하는 강좌는 거의 빠짐없이 들으며 못다 한 공부에 대한 갈증을 조금이나마 해소해 보고자 했습니다. 정식으로 학교에 가서 배워보고 싶다는 소망이 좀처럼 가시질 않았습니다.

더 늦기 전에 꼭 학교에 다녀야겠다는 다짐을 하고 2019년 마침내 방송통신중학교에 입학하였습니다. 교과서가 든 가방을 메고 고성에서 진주로 가는 등굣길은 눈물나게 고맙고 좋았습니다. 시험 칠 때 아는 문제 몇 개만 나와도 신이 나고 수업 시간에 알아듣지 못하는 것들이 많아도 그저 행복했습니다. 몸이 아파도 학교에 가고 싶고 혹시 태풍이라도 불어 학교에 가지 못하면 어쩌나 하며 밤새 뒤척이기도 했습니다.

나는 올해 방송통신중학교를 졸업하고 방송통신고등학교에 입학한 76세 여고생입니다. 중학교 졸업식 때 내 아이들이 현수막을 만들어와 사진을 찍으며 마음껏 축하해 주었습니다. 중학교 졸업이라는 평생의 소원은 풀었지만 고등학교 졸업할 때도 축하를 받고 싶은 욕심이 생겼습니다. 다행히 건강이 허락하여 한 번도 결석하지 않고 열심히 학교에 다니고 있지만 무사히 고등학교 졸업장을 가슴에 안고 교문을 나서는 상상을 하면 없는 힘도 솟는 것 같습니다. 지금처럼 건강하다면 대학에도 가는 희망을 다시 품어봅니다. 공부를 하면서 외로움도 달래고 살아있는 것 같은 보람도 느낍니다. 다른 욕심은 다 버렸는데 공부에 대한 욕심은 버려지지가 않습니다.

제가 처음으로 디카시를 쓰게 된 계기는 우연이었습니다. 디카시가 무엇인지도 모르고 있다가 2018년 한국디카시연구소에서 디카시 강좌가 있다고 하여 호기심에 가보았습니다. 첫 강의 때 디카시는 경남 고성에 사는 이상옥 교수님(그때는 창신대 교수)이 처음으로 만들어서 발원지가 고성이라는 말을 듣고 깜짝 놀랐습니다. 2004년부터 디카시 문예운동을 했다는데 정작 고성에 사는 나는 모르고 있었다는 사실이 부끄럽기도 하여 그때 이후로 디카시 강좌가 있다고 하면 빠짐없이 수강 신청을 하고 들으러 다녔습니다. 학교에 공부하러 가는 것만큼이나 신기하고 재미있었습니다. 그렇게 디카시와의 인연이 시작되어 지금까지 이어져 오고 있습니다. 잠깐 마당에만 나가도 휴대폰을 가지고 갈 정도로 이제 디카시는 나의 삶에서 떼려야 뗄 수 없는 분신과 같은 존재가 되었습니다. 어쩌면 나의 일상과 삶을 기록하는 디카시와 학교 공부를 통해 해방감을 느끼고 있는지도 모르겠습니다. 그래서인지 비상구 같다는 생각을 종종 합니다.

 이번에 출간하게 된 디카시집은 과거와 미래 그리고 현재를 모두 담아둔 내 마음의 보석 상자입니다. 보석 상자에는 기쁨과 눈물, 한과 외로움까지 다 들어가 있습니다. 누구에게 내보이고 싶지 않은 속마음도 슬그머니 풀어내 보았더니 마음이 후련하기도 하고 울컥하기도 합니다. 이렇게 묶고 나니 앞으로 힘차게 나아갈 길이 훤히 보입니다.

 저는 이번 디카시집을 통해 과거의 나를 결산하고 새로운 삶으로의 첫걸음을 내딛습니다. 모든 순간이 힘들지만은 않았다는 것을 깨달은 것은 고달팠던 시간들도 아름답게 느껴지는 나이가 되었기 때문입니다. 이제 내게 남아있는 모든 순간순간을 반짝반짝 빛나는 시간들로 채워나가야겠습니다.

2022년 유월
최옥희

차례

시인의 말

 잠깐 풋잠에 든 것처럼

복수초	12	집	42
응원이 필요해	14	사랑의 배달부	44
일터	16	수도계량기	46
경로당	18	아기새	48
4월의 문	20	건강 가족	50
보석 상자	22	달 따러 가자	52
보리밭	24	석화(石花)	54
리더십	26	고래수염	56
한(恨)	28	노부부	58
오늘 하루	30	전시회	60
백의민족	32	빈집	62
빗줄기	34	엄마의 빈자리	64
행복지수	36	황혼	66
비구니	38	아름다운 손	68
하늘고래	40		

나라는 타인, 가족

높고 환한	72
꽃의 집	74
노송	76
높은 음자리	78
농사꾼	80
오월	82
직진	84
더 이상 건드리지 마	86
절정	88
여심 저격	90
고목	92
아, 어머니	94
대물림	96
소망	98
우리 가족	100
첫눈	102
손녀	104
나	106
열아홉 순정	108
나의 전성시대	110
고해성사	112
이제부터 나는,	114
수신호	116
종갓집 깊은 맛	118
일흔여섯	120
휘영청, 달밤	122
외로움	124

 이토록, 고성

장산숲　　　　128
공룡나라 이방인　130
호암사　　　　132
송학동 고분군　134
간사지　　　　136
고성 공룡　　138
보물찾기　　　140
상족암　　　　142
시루떡　　　　144
자란만　　　　146

해설_이상옥(시인) 149
시니어 디카시인 최옥희의 신화적 상상력과 대모적 이미저리

 잠깐 풋잠에 든 것처럼

복수초

봄이 왔다 알려 주려고
추운 겨울 제일 먼저 도착하느라 힘들었지

이제 꽃길만 걷게 해 줄게

응원이 필요해

내가 상관할 바는 아니지만
너 참 대책 없이 용감하구나

일터

빨간 날은 노는 날인데
왜 나는 온통 노란 날만 있는 거야

경로당

봄날이 너무 짧다
햇살에 잠깐 풋잠에 든 것처럼

4월의 문

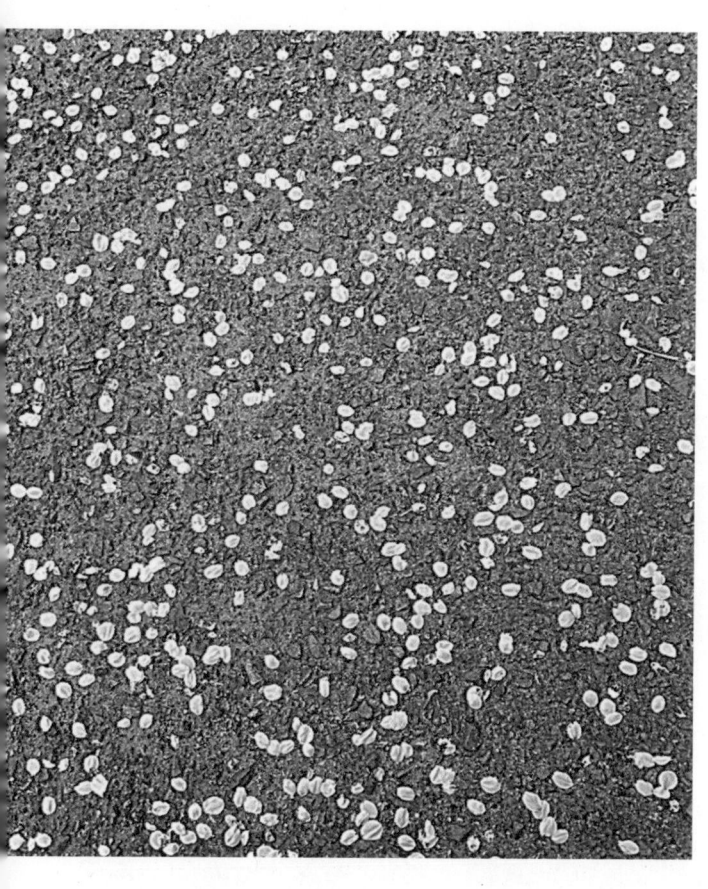

겨우내 움츠렸던 봄을
꽃길이 열어 주었구나

이 따뜻한 바람에
흔적도 없이 사라져 버리면 어쩌나

보석 상자

아들 대학 보내고 딸 시집보내도록
금도 나오고 은도 나오던

보리밭

황금 광산은 땅속 깊은 곳에만 있는 게 아니야
흘린 땀방울이 알알이 맺히면
세상에서 가장 빛나는 황금이 열려

리더십

중심을 잘 붙잡고 나아가자
절벽이 나올지라도
서로 손을 잡고 건너가자

나만 잘 따라와!

한(恨)

말하지 못하고 꼭꼭 쌓아둔 사연
이리도 많았나
이제서야 불쑥불쑥 튀어나오네

오늘 하루

산

입에

거미줄

치고

있다

백의민족

하루에 한 송이씩 피고 지고

마음 맑은 우리 민족
붉은 마음 변치 않아
무궁무궁 피어난다네

무궁한 민족

빗줄기

하늘에서 자라는 줄기는 땅으로 내려오고
그 줄기 타고
땅에서 자라는 줄기는 하늘로 올라간다
그래서 지구는 온통 초록별이다

행복지수

산 좋고 물 좋은 명당자리에
참새 부부 공짜로 세든 펜트하우스다
금슬은 어떨까

비구니

속세 인연 끊느라 아롱진 눈망울
감추려고 눌러쓴
박사고깔 너무 고와 눈이 시리다

하늘고래

땅만큼 큰 고래가
하늘에도 살고 있어요
숨 한 번 쉴 때마다
세상이 온통 흔들려요

집

지붕도 기둥도 없고
좁아터져 누울 자리도 없지만
세상에서 가장 좋은 집

엄마는 얼른 가서 밥 구해 올게
조금만 참고 있어

사랑의 배달부

저 붉은 속내 깜깜이지만
내 고백 전하면 받아줄까요?

수도계량기

길바닥 인생이라고
함부로 발길 차인다고
무시하지 마오
대한민국이 보증한 자랑스러운 몸이라오

아기새

강한 척하고 집을 나왔다
근데, 이게 뭐야

엄마 보고 싶다
집에 가고 싶다

건강 가족

코로나로 사람 발길 뜸한 공원
비둘기 가족이 독차지하고
발바닥 빨개지도록 열심히 지압 중

달 따러 가자

배고픈 동동이는
달토끼 방아 찧는 소리에 잠을 못 자
뜬눈으로 날을 샌다

석화(石花)

기암절벽 사이에서도
사나운 파도가 덮쳐도

제 몸 부수어
눈부신 하얀 꽃을 피워요

고래수염

먼 조상의 이빨
살아남으려 모두 뽑아 버리고
수염으로 덮었다네

노부부

식구들 이웃들 모두 다 떠나고
덩그러니 둘만 남았다

전시회

심혈을 기울여 쓴 한 줄이
오래 남을 때가 있다
마음 한가운데 콕! 박혀서
온몸으로 진동이 파르르파르르 번져

빈집

가족들 모두 떠나고
이제 버틸 힘이 없어
제일 먼저 주저앉는 문지방

엄마의 빈자리

젠장, 엄마가 우릴 버려도
이 악물고 우리끼리 보란 듯이
잘 살아보자 했어
그런데 이게 뭐야

황혼

땅거미 뚫고 빛나는 금빛, 은빛
살아온 날들과
살아갈 날들이
찬란하게 번지는 시간

아름다운 손

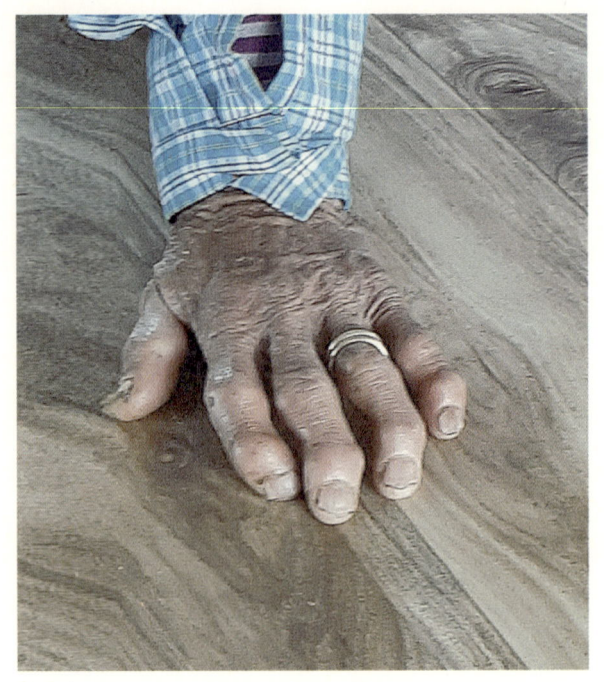

손마디 마디에 훈장으로 새겨져 있다

부르트고 갈라지고 휘어진 세월이

 나라는 타인, 가족

높고 환한

허리 펼 날 없어도
손에 물 마를 날 없어도
말도 안 되게 낮은 자리에 있어도

어머니는,

꽃의 집

창문 밖에 봄이 도착했다길래
5월을 걸어두었어요
당신에게 안녕하냐고
안부를 물어보려고요

노송

아버지 등짐 내려놓던 동산에
이제는 햇살만 쉬어간다

높은 음자리

반음만 올려보자
소리부터 다르지

나 사는 것도
반걸음만 더 올라가 보면
보이는 것부터 다르겠지

농사꾼

수백 년을 걸어온 발등이
쩍쩍 갈라져요
하루도 쉬지 못한
우리 아버지처럼

오월

도저히 주체할 수 없어
새빨간 루즈 바르고
자꾸만 밖으로 뛰쳐나가고 싶어요

직진

이렇게 가슴 떨리던 시절도
한번 흘러가 버리면
되돌아오는 법이 없었어

더 이상 건드리지 마

별빛 시나브로 드나들어 좋지만
더운 날 바람 숭숭 다녀가서 좋지만
비가 새도 물난리 안 나서 좋지만

꼭꼭 싸매 감추어 둔
속살 뽀얀 내 순정만은

절정

나에게도 너와 같은 시절이 있었어

여심 저격

나비 날개 같은 모시꽃
나도 한 번 몸에 두르고
봄 마중 갈까
봄 소풍 갈까

고목

천수를 누리고 돌아가신 할아버지

모나지 말고 둥글둥글
살라는 말씀

아, 어머니

새까맣게 타버린 속내
허물어지고 나니 이제야 다 보입니다

힘든 세월 견디느라
얼마나 속앓이하셨는지

대물림

시어머니 두고 가신 긴 세월
힘겹게 엮어간 흔적도
이제는 녹이 슬어 내게로 왔네

소망

이끼 낀 세월도
메말라 버린 기억도
혼신의 힘으로
마지막 한 송이라도 피워 보기를

우리 가족

한 뿌리에서 나와
생김새도 비슷하고
사는 것도 고만고만하고

지지고 볶다가도
함박웃음 한 방에 천지가 환해진다

첫눈

눈이 살아 있나 봐
나비처럼 날아다녀

세상에서 가장 예쁜 꽃이
눈앞에 있어서 그런가 봐

손녀

볼에 솜털 보송보송한
우리 집 예쁜 강아지들
아무리 오래 눈에 넣어도
아프지 않네

4

담장 둘러친 내 집을 떠난 적 없어
나는 여기가 제일 좋은 줄만 알았어
태평양 바다도 에베레스트 산도 있다는 걸
방송통신중학교에 입학하고 알았어

나는 지금 꿈 많은 47년생 일흔여섯 살 여고생

열아홉 순정

빨간 양산 받쳐 들고
집 밖으로 나온 어느 봄날

나와 눈 맞춘 사내 분명 있었으니
아, 오늘은 환장하게 좋은 날

나의 전성시대

자꾸 가슴으로 파고드는 어린 것들 때문에
하루에도 열두 번씩 물질을 했어

고해성사

나도 모르게 남의 눈에 피눈물 나게 했다면
그 죄를 속죄합니다

나도 모르게 남의 가슴에 대못을 박았다면
그 죄도 속죄합니다

부디 내 죄를 깨끗이 씻어 주소서

이제부터 나는,

한평생 가보고 싶은 곳 많았으나
먹이고 입히고 돌보느라
나는 어디에도 없었네

저토록 많은 날개 다 감추고 살았으니
훨훨 날아가야지

수신호

손아귀에 움켜쥔 것들
이제 다 놓아주려고요

내 욕심이 이리 많은 줄을
모르고 살았어요

종갓집 깊은 맛

시어머니의 시어머니 또 그 시어머니의 시어머니가
한 번도 가물어 본 적 없는 강물같이
기적같이, 끊어지지 않고 여기까지 온
그 손맛

일흔여섯

문득 뒤돌아보니
내 살아온 날들이 훤히 보였다

휘영청, 달밤

이 세상을 끌고 가는 나룻배에
아무런 계산 없이
온몸을 내맡겨 보면
나도 모르게 대낮처럼 환해질 때가 있다

외로움

열 번이고 백 번이고 천만 번이고
자꾸 밀고 들어온다

텅 빈 내 집에

 이토록, 고성

장산숲

정자는 초록 너울 흐드러지고
연잎 위 개구리는
북 치고 장구 치고

초여름 한낮
고요가 들썩들썩 요란하다

공룡나라 이방인

아주 먼 곳으로 가고 싶은 사람
시간을 되돌려
쾅, 쾅, 쾅,
공룡처럼 되고 싶은 사람

호암사*

낮에는 후손들 문안드리고
밤에는 북두칠성 머물다 간다

핏줄이 핏줄 타고 흘러온 시간

* 호암사 : 경남 고성군 동해면에 위치함.
사암 천만리 장군을 모신 사당. (경남 지방문화재 제39호)

송학동 고분군[*]

눈부신 초록으로 뒤덮으려는 3월
오늘도 여여(如如)하고

저만치 어제와 오늘이 지나간다
내일이 또 오고 있다

* 송학동 고분군 : 경남 고성군 고성읍에 위치하고 있으며
소가야 시대 무덤들로 7기가 있음. (사적 제119호)

간사지

왜적의 칼부림에 죽어나간 백성들

첩첩 쌓인 원한
아직까지도 피울음으로 남았구나

고성 공룡

얼마나 오랜 세월을 견뎌야
이토록 강렬한 인상파가 될까
아니, 입체파인가

보물찾기

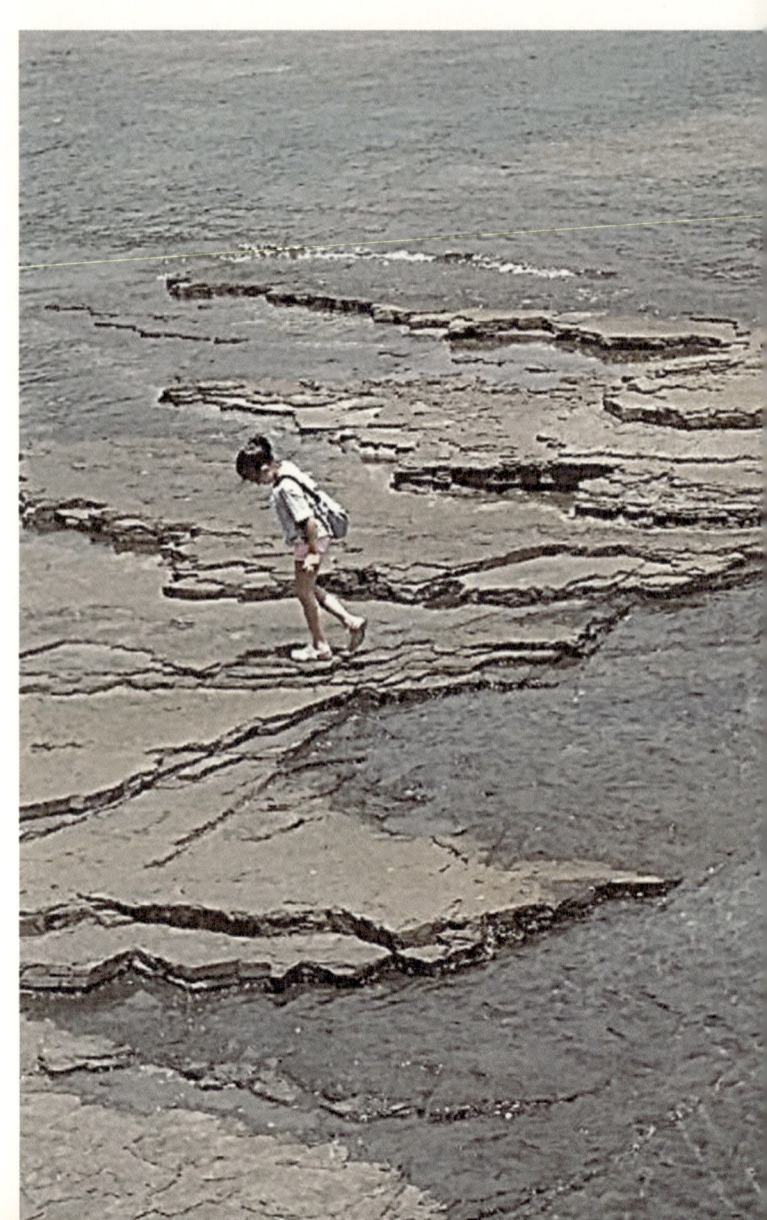

1억 5천만 년 전
공룡들이 찍어 놓은 발자국
상족암에 아직까지 남아 있대

어디? 어디?

상족암

세월이 흐르면 바위도 부서져 모래가 되는데
진흙밭에 남긴 발자국은
오히려 선명하네

오늘 바위 위에 찍은 저 발자국들
물살에 휩쓸려 어디로 갈까

시루떡

세월이 수만 년 동안 차린 잔칫상
무너질까 두려워
갈매기도, 파도도, 조심조심

자란만

내 꿈이 자라고 내 꿈을 묻어버린 곳
내 삶이 지쳤을 때 눈물을 받아준 곳

내 고향 앞바다

| 해설 |

시니어 디카시인 최옥희의 신화적 상상력과 대모적 이미저리

이상옥(한국디카시연구소 대표·베트남 메콩대 교수)

 경남 고성은 디카시의 발원지로 널리 알려져 있다. 지난해는 고성 장산마을의 장산숲에 디카시 발원지 표지를 마을 주민 이름으로 세웠다. 또한 고성은 공룡엑스포가 표상하듯이 백악기 공룡나라로 이미지 메이킹되고 있다. 태고의 상상이 살아 숨쉬는 고성에서 2004년부터 디카시 지역문예운동이 펼쳐져서 디카시가 문학한류로 발돋움하고 있다는 사실을 이제 웬만한 고성 사람들도 다 안다. 전국 곳곳의 학교, 문화단체에서 디카시 프로젝트가 거의 매주 개최되고 해외에서도 디카시공모전이 열린다. 디카시가 국립국어원 우리말샘에 문학용어로 등재되고 중고등학교 교과서에도 수록되고, 전국의 주요 시인들이 참여하는 한국디카시인협회도 결

성됐다. 디카시는 생활문학이면서 본격문학으로서 그 위의를 확보하기에 이르렀다. 일본의 하이쿠에 버금가는 디지털 시대의 글로벌 문학 장르로 발돋움할 것으로 믿어 의심치 않는다.

고성에는 경남 고성국제디카시페스티벌이 매년 개최되고, 한국디카시인협회와 한국디카시연구소 사무국이 있다. 현재 디카시 운동을 주재하고 있는 한국디카시인협회와 한국디카시연구소 본부가 대한민국의 최남단 작은 도시 고성에 소재한다는 의미다. 고성 사람들은 공룡 브랜드 못지않은 자부심을 디카시를 통해서도 가질 만하지 않는가. 고성은 태고의 상상력과 최첨단 디지털 상상력이 어우러지는 멀티플한 문화 도시로 거듭나고 있다.

최옥희 시인은 고성 사람이다. 최옥희 하면 고성문화원 부원장을 지낸 고성 여성계의 존경받는 리더라는 이미지와 함께 지금은 찾아보기 어려운 전통적 부덕을 지닌 품이 넓은 대모 이미지를 떠올릴 것이다. 그런 그가 첫 디카시집을 낸다. 한국디카시연구소가 몇 년간 진행한 고성의 어르신 대상 디카시창작 프로젝트가 경남문화예술진흥원에 선정돼 이기영 시인이 중심이 돼 디카시 창작강좌가 매년 열렸는데, 그때 최옥희 시인이 참여해서 디카시를 본격적으로 공부했다. 매사 성실한 최옥희 시인이 일회성으로 그치지 않고 꾸준히 디카시 창작활동을 지속해서 디카시집까지 발간하게 된 것이다.

이번 디카시집은 가족과 고성, 그리고 실존이라는 세 개의 테마로 구성돼 있다. 이 세 개의 테마는 굳이 구분할 이유는 없다. 최옥희는 고성에서 태어나 가족을 이루고 사라져 가는 전통적인 미덕인 부덕을 현대의 대모적 이미지로 구축해낸 고성 사람이다. 달리 말해 고성 사람 최옥희가 보여주는 삶의 양식은 오늘의 과학적 상상력으로서는 해명할 수 없는 대모 신화적 상상력과 결부된다 하겠다.

세월이 수만 년 동안 차린 잔칫상
무너질까 두려워
갈매기도, 파도도, 조심조심

- 「시루떡」 전문

이 디카시는 생활문학을 넘은 본격문학으로서의 디카시의 진수를 보인다. 이런 작품이 생산된 것은 우연이 아니다. 뒤늦게 발현된 시적 재능에다 평생을 성실하게 살아온 생의 내공이 뒷받침돼서 가능한 것이다. 수백만, 수만 년의 세월이 누적돼 쌓아온 잔칫상이 바로 고성 공룡이라는 브랜드이니, 어찌 무너져 내릴까 조심 또 조심하지 않을 수 있겠는가. 상족암의 누적된 퇴적층을 시루떡이라고 메타포한 것도 최옥희 시인답다. 로마는 하루아침에 만들어지지 않았다는 말이 있지 않는가. 고성 상족암 퇴적층의 절경이 어찌 하루아침에 만들어지는 것이겠는가. 이번에 선보이는 최옥희의 디카시집도 어쩌면 디카시「시루떡」과 같은 맥락이라는 생각이 왜 드는 것인가.

이 디카시집 출간은 최옥희 시인이 평생을 성실하게 부덕으로 살아온 삶에 대한 하늘의 표창이라 해도 좋다.

반음만 올려보자
소리부터 다르지
나 사는 것도
반걸음만 더 올라가 보면

보이는 것부터 다르겠지
   - 「높은 음자리」 전문

담장 둘러친 내 집을 떠난 적 없어
나는 여기가 제일 좋은 줄만 알았어
태평양 바다도 에베레스트 산도 있다는 걸
방송통신중학교에 입학하고 알았어

나는 지금 꿈 많은 47년생 일흔여섯 살 여고생
   - 「나」전문

디카시 「높은 음자리」는 최옥희 시인의 삶의 자세를 투영한다. 현실에 안주하지 않고 끊임없이 새로운 길을 열어가는 최옥희 시인의 면모를 그대로 드러낸다. 고성 여성계에서 존경받는 인물로 이제 편안하게 살아도 좋을 법한 입지를 확보하고 있건만 끊임없이 일하고 공부하는 정진을 보여주는 것은 대모적 신화 이미저리의 구현으로 후배들의 귀감이 되고 있다. 한정된 생에서 최선을 다해 살아가는 것만큼 고귀한 일이 어디 있겠는가. 현실에 안주하는 순간 생은 멈추는 것임을 보여준다. 전선줄에 걸린 반달을 보며 시인 자신의 생을 투영한 것이다. 참 아름다운 상상력이다. 반음만 올려도 소리부터 다르다며 시인 스스로 삶의 정진의 필요성을 더욱 다진다. 힘들어도 현실에 안주하지 않고 보다 높은 세계로의 지향이 바로 최옥희 삶의 양식에서 구축한 대모적 이미저리 구축의 동인이라 해도 좋다. 웅녀처럼 끈질기게 인고의 세월을 견뎌내는 대모적 이미저리를 오늘의 여성 시인에게서 찾기는 쉽지 않다.

디카시 「나」는 47년생인 최옥희 시인이 지금 방송통신고 학생이 되어 공부하고 있는 실존을 담장 안의 한 식물에 역시 투영했다. 안정된 담장 안에 갇힌 존재로서보다는 험난할지라도 바깥의 더 넓은 세계로 향해야 하는 당위를 보인다. 최옥희 시인의 생의 의지는 관념 속에 머물러 있는 한낱 소녀적 감성으로 그치는 것이 아니라 거친 세상에 대응하는 대모적 이미지를 엿보게 하는 바, 가슴속에 꼭꼭 숨겨왔던 신화적 상상력의 현현이라 할 것이다. 그렇다고 그의 언술이 격렬하고 거대담론적 성격을 띠는 것은 아니다. 여전히 잔잔하고 낮은 목소리로 일관하지만 그 이면에 묻힌 대모 신화적 상상력의 광맥을 이 디카시집에서 충분히 캐어낼 수 있다.

허리 펼 날 없어도
손에 물 마를 날 없어도
말도 안 되게 낮은 자리에 있어도

어머니는,

― 「높고 환한」 전문

이게 어찌 최옥희 시인의 어머니에 대한 담론으로 그치는 것인가. 이것이 바로 최옥희의 대모 신화적 이미저리가 아닌가. '허리 펼 날 없어도 손에 물 마를 날 없어도 말도 안 되게 낮은 자리에 있어도 어머니는 높고 환하다'는 것이 바로 최옥희의 정체성이고 실존이고 현실에서는 소멸된 신화적 상상력의 발로다.

최옥희 시인의 가족과 고성, 그리고 실존적 테마의 시편들에서 일관되게 운위되는 것은 오늘날 가족 해체 현상 속에서 전통적 부덕과 가족 간의 유대가 얼마나 중요하며, 그것은 시대를 초월하는 보편적 가치임을 끊임없이 일깨워준다. 가족은 사회 구성의 기본 단위로서 가족 해체 현상은 국가 사회의 존속을 뒤흔드는 매우 심각한 양상이다. 근자에 이혼이나 배우자의 가출 등으로 한국의 가족 해체는 가속화되고 있다. 문제는 그것이 이제는 불가피한 당연한 사회 현상으로 모두 받아들이는 일상이 되고 있다는 사실이다. 이로 인한 사회적 폐해는 심각하다.

거듭 말하지만 최옥희 시인은 고성사회에서 전통적 부덕이라는 대모적 이미지를 지닌 여성 문화계의 원로이다. 대모적 이미저리는 오늘에 와서는 신화적 상상력으로만 기억되는 부재하는 미덕이지만, 최옥희 시인은 평생 그런 삶을 살아오고 계시고 그것을 보다 높은 세계 지향의 실존으로 포착하여 형상화해 내었다. 이번 디카시집이 바로 그것이다. 느닷없이 시니어 시인으로 등장한 최옥희 시인의 디카시집은 생활문학을 넘어 본격문학의 영역에 단숨에 도달했다. 이번 디카시집 한 권으로 이제까지 나온 주목할 만한 디카시집에 버금가는 성취를 보이며 고성을 대표하는 대모적 이미저리의 시니어 디카시인으로 우뚝 서게 됐다. 최옥희 시인의 이번 디카시집 출간은 디카시의 발원지 고성의 경사이고 자랑이다.

잠깐 풋잠에 든 것처럼

초판 1쇄 인쇄   2022년 6월 25일
초판 1쇄 발행   2022년 6월 30일
지 은 이   최옥희
발 행 인   방수영
편   집   방수영
펴 낸 곳   도서출판 놀북
출판등록   107-38-01604
편 집 실   청주시 상당구 수영로162
전   화   010-2714-5200
전자우편   nolbook35@naver.com
ISBN   979-11-91913-13-2(03810)
값 13,000원

• 이 도서의 국립중앙도서관 출판예정도서목록(CIP)은 서지정보유통지원시스템 홈페이지(http://seoji.nl.go.kr)와 국가자료종합목록 구축시스템(http://kolis-net.nl.go.kr)에서 이용하실 수 있습니다.

• 저작권법에 의해 보호를 받는 저작물이므로 저자와 출판사의 동의 없이 내용의 일부를 인용하거나 발췌하는 것을 금합니다.
• 잘못된 책은 교환해드립니다.

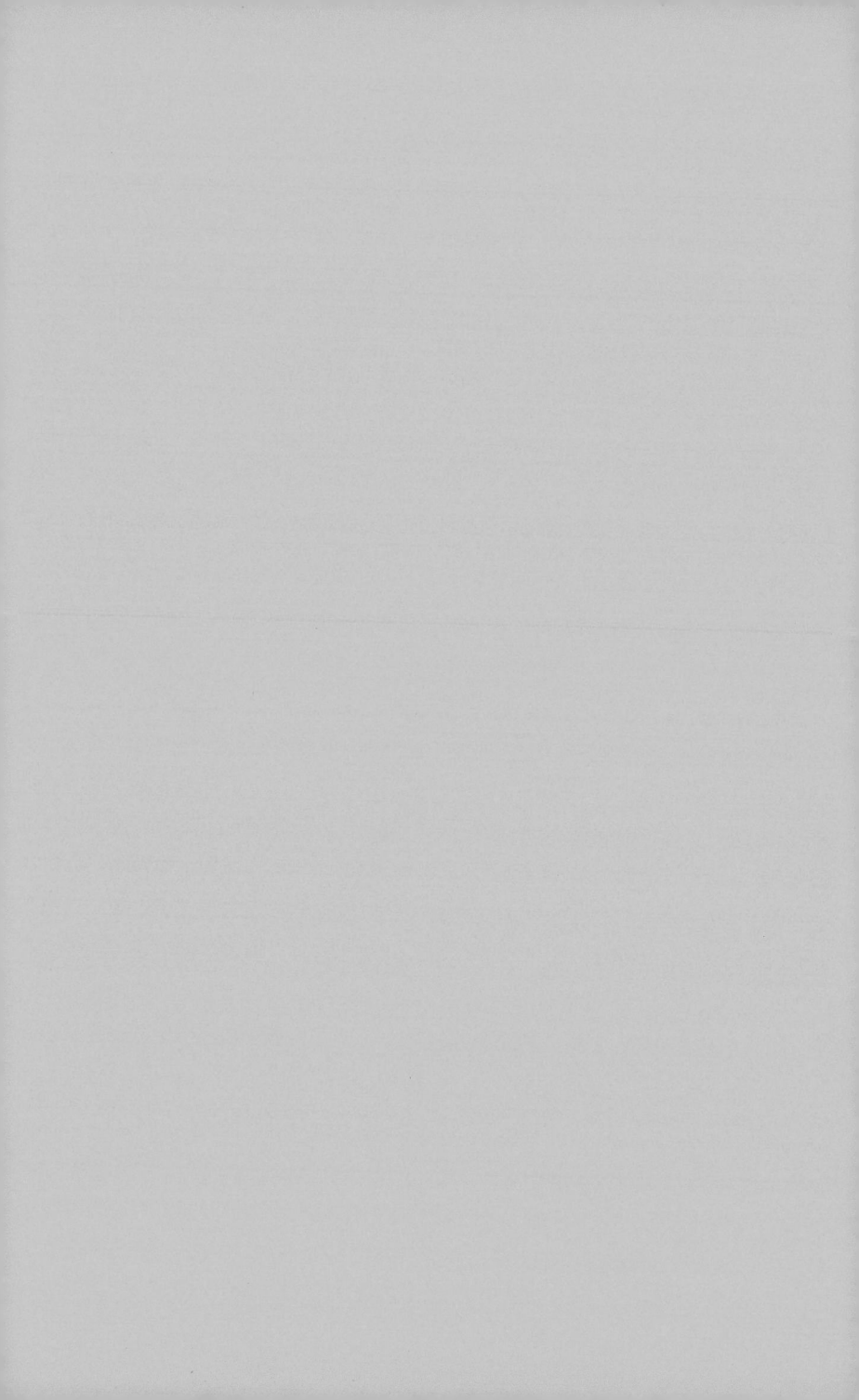